Nur kurz im Jetzt zu sein hört sich einfacher und alltäglicher an, als es tatsächlich ist. Ein Großteil von uns lebt mehr in den Gedanken, als in der Welt, die sich direkt vor einem abspielt.

Mara Betjemann

Nur kurz im Jetzt

Poesie

© 2019 Mara Betjemann

Umschlag: Mara Betjemann

Verlag & Druck: tredition GmbH, Hamburg

Halenreie 40-44

22359 Hamburg

ISBN

978-3-7469-7598-6 (Paperback)

978-3-7469-7599-3 (Hardcover)

978-3-7469-7600-6 (e-Book)

Für die Menschen, die mir nahestehen.

Die Sache mit dem Glück

Jeder befasst sich damit.

Oft wünschen wir uns Glück, weil wenn wir Glück haben, dann haben wir alles.

Liebe, Freude und ja, anscheinend auch Geld.

Ist man glücklich, wenn man diese drei Dinge hat?

Kann man ein Leben lang glücklich sein?

Ist Glück definierbar?

Kann man es auf eine Sache reduzieren?

Die Antwort auf alle drei Fragen: Nein.

Man kann wegen so vielen Dingen glücklich sein

und nein, niemals ein Leben lang.

Ohne traurige Zeiten... was wäre Glück dann?

Wir sind so unglaublich glücklich, weil wir auch wissen wie es anders sein kann.

Wir brauchen Gegensätze, beide Seiten.

Man muss beides sehen um Eins zu schätzen.

Jedoch ist das Wichtigste:

Glück beginnt bei einem selbst.

Nicht bei Erfolg.

Nicht bei der Liebe.

Nicht bei dem Wetter.

Einzig allein bei dir.

Und sobald man das erkennt, ist es so viel einfacher.

Glück ist so viel leichter.

Niemals darf es abhängig von anderen Leuten sein

und ja ich weiß, einfacher gesagt als getan.

Wir definieren uns nämlich alle einmal durch andere Menschen.

Sie macht mich glücklich oder Er,

aber wie wäre es mit dir?

Wenn jemand verzweifelt und kaputt auf mich zukommen würde mit der Frage:

„Werde ich jemals wieder Glück finden?",

dann würde ich antworten:

„Es kommt darauf an. Suchst du danach?"

Oft sind wir so beschäftigt mit allem anderen, dass wir das Glück gar nicht mehr sehen wollen.

Wir baden in Selbstmitleid und Traurigkeit.

Dreh dich um. Überall Dinge, die glücklich machen.

Der Schlüssel um so etwas zu sehen

ist Dankbarkeit.

Danke für die Lehre der Vergangenheit,

die Chance zu etwas Neuem

die Menschen an meiner Seite

die Ehrlichkeit, auch wenn sie weh tut

die Person, die mir vorhin zugelächelt hat

die Zukunft, die alles bringen kann.

Hier und jetzt.

Die Vergangenheit bleibt dort wo sie ist, keine Angst.

Der Weg geht in die andere Richtung.

Du bist jetzt hier, sei glücklich.

Jeder Moment kommt nur ein einziges Mal.

Du darfst hier sein.

Ist das nicht Grund genug glücklich zu sein?

Also wache jeden Tag auf, sehe es als neuen Tag um glücklich zu sein.

Probiere es aus, fokussiere dich auf das Positive.

Es startet bei dir.

Warte nicht dein ganzes Leben lang auf bedingungsloses Glück,

sondern sei es einfach.

Glücklich.

Glück ist eine Entscheidung;
kein Schicksal.

Livsnjutare

Ein Mensch, der das Leben liebt

Ich liebe Wörter, die man nicht wörtlich übersetzen kann, sondern für die man Erklärungen finden muss. Livsnjutare ist nicht nur eines meiner liebsten Wörter, weil es schwedisch ist, es hat auch eine wunderschöne Bedeutung. Es steht für einen Menschen, der das Leben zutiefst liebt und es ausleben möchte bis ins letzte Detail. Das Leben zu lieben ist so eine wunderbar wertvolle Sache, die sich viel selbstverständlicher anhört, als sie eigentlich ist. So oft fange ich einfach an zu lächeln, weil mir kleine Dinge auffallen, die mir davor nicht aufgefallen sind und ich bin glücklich, einfach so. So liebe ich es Menschen zu beobachten oder lange spazieren zu gehen, ganz ohne Handy. Manchmal sehe ich meine Heimat aus einem ganz anderen Blickwinkel und merke wie schön es ist oder ich freue mich über die kühle und klare Luft am Abend, wenn ich das Fenster öffne um Schlafen zu gehen. Jeden Tag ein Stückchen mehr das Leben lieben. Wenn es sternenklar ist und ich nach oben schaue, bin ich auch jedes Mal aufs Neue sprachlos. Es wird mir bewusst, wie endlos es ist und ich muss lachen, weil meine Probleme so klein sind im Vergleich dazu. Probleme, die im Vergleich zu all dem Schönen da draußen nichts sind und ich ärgere mich darüber, dass sie mich überhaupt aufregen. Ich denke auch, dass Zeit für sich alleine so wichtig ist. Zeit, die man mit sich selber und seinen eigenen Gedanken verbringt. Weil es ist so ein schönes Gefühl mit sich selbst im Einklang zu sein. Noch schöner ist es, wenn man es dann abgeben kann oder andere Menschen damit inspirieren. Ich freue mich, wenn ich positive Gedanken verteilen kann oder auch nur gute Laune für eine kurze Zeit. Doch neben der Zeit für sich alleine steht natürlich die Zeit mit der Familie. Freunde sind auch Familie. Alle Menschen, die einem Nahe stehen, sind für mich Familie. Was mich dann immer wieder daran erinnert, wie sehr ich das Leben liebe, ist, wenn wir lachen und einfach alles vergessen. Wir sind einfach nur glücklich zusammen zu sein, zur gleichen Zeit am gleichen Ort. Oder Gespräche mit Menschen, stundenlange tiefgründige Gespräche. Eine Sache von der ich nie genug bekommen könnte. Es kann sich keiner vorstellen, wie viel ich aus einem langen und schönen Gespräch mitnehme. Gedanken zu teilen und gemeinsam darüber zu reden, das ist so viel wert. Ebenso Dankbarkeit. Es macht so verdammt glücklich dankbar zu sein. Dankbarkeit und sich für andere zu freuen. Mir geht es Welten besser, wenn ich mich für andere freuen kann, dann muss bei mir auch nicht alles glatt laufen. Ich bin bei solchen Dingen sehr harmoniebedürftig, aber so ist es nun mal. Livsnjutare. Ich liebe dieses Wort und ich verspreche: Es ist so schön sich in das Leben zu verlieben und mit sich selbst im Reinen zu sein.

In diesem Moment

Hast du jemals überlegt, was gerade alles passiert?

Jetzt.

Genau in diesem Moment.

Irgendwo wird jemand strahlen vor Glück, weil er oder sie denkt, es ist der

Beste Moment in ihrem/seinem Leben.

Anderswo schließt eine Person die Augen für immer.

Irgendein Mensch kniet nieder vor seiner großen Liebe und fragt sie nach

Einem restlichen gemeinsamen Leben.

Nicht weit von hier kannst du leise ein Herz brechen hören und direkt daneben

Bringt eine Mutter ihr Neugeborenes nach Hause und ein komplett neues Leben beginnt.

Andere Menschen bangen um ihr Leben, verstecken sich und schreien vor Angst.

Genau jetzt.

300 Kilometer weiter wird ein Mann von seinem Butler bedient

Und fragt nach dem edelsten Wein.

Eine Stadt daneben kommt ein Kind nicht nach Hause, weil es sich nicht traut

Und in der gleichen Sekunde jubelt jemand vor Glück.

1000 Meilen südlich läuft eine Familie los um klares Wasser zu bekommen.

Ist es nicht verrückt, was alles in einer Sekunde passiert?

Bei 7,5 Milliarden Geschichten kommt viel zusammen und jeder Mensch hat

Seine eigenen Probleme zu tragen und Geschichten zu erzählen.

Wieder wo anders küssen sich zwei Menschen und merken, dass sie nicht

Ohne einander können.

Ein Mensch lacht.

Einer weint.

Einer kann nicht mehr.

Einer fängt gerade erst an.

Einer sieht keinen Ausweg mehr.

Einer schläft und vergisst alle Sorgen.

Einer scheint sorgenfrei zu sein und betrachtet eine wunderschöne Aussicht.

Von einem geht der größte Wunsch in Erfüllung und wieder jemand anderes

Steht verlegen vor seinem Schwarm.

Einer singt.

Isst.

Trinkt.

Tanzt.

Alles jetzt.

7,5 Milliarden Leben parallel.

Niemals schlafen alle.

Niemals geht es allen gleich.

Ich sitze hier und schreibe, während Milliarden von Menschen anderes tun.

Eine ganz einfache Sache:

Was sein soll,

wird sein.

Das Klicken

Ich glaube nicht an Liebe auf den ersten Blick.

Ich glaube an das Klicken.

Ja, es mag komisch klingen, aber es ist ein wunderschönes Gefühl.

Es ist wie ein Puzzleteil,

das man findet, welches dann eine Lücke schließt, von der man ein Leben lang nicht wusste, dass sie existiert.

Man ist vollkommen, einfach so.

Klick.

Glück. Vollkommenheit. Es ist wie das Finden von Antworten auf ungestellte Fragen.

Aber es ist keine Liebe, noch nicht.

Bis hierher ist es das Klick, das man spürt.

Nicht gesucht und trotzdem gefunden.

Plötzlich aber fühlt es sich so an, als wäre es all das wonach man jemals gesucht hat.

Das Klicken, welches man sofort spürt.

Klick.

Man will sich näher kennenlernen.

Man will mehr von den Fragen beantworten, die man

davor nie hatte.

Mehr Antworten. Mehr Glück.

Und dann fragt man sich:

Wie konnte ich dich nicht kennen?

Wie konnte ich so unwissend sein?

Jahrelang nebeneinander gelebt.

Was für ein Zufall, dass sich unsere Wege kreuzen.

Oder Schicksal.

Klick.

Ich glaube nicht an Liebe auf den ersten Blick,

aber ich glaube daran einen Menschen zu sehen und sofort zu wissen,

dass er von Bedeutung sein wird.

Bei dir mach Ich Sinn.

Wir schauen uns an und lächeln.

Der Blick, wie ein Geheimnis.

Wir haben gefunden, wonach die ganze Welt sucht.

Und während er weiterfährt, schaue ich ihn von der Seite an und lächle. Noch nie hat mir jemand so ein Gefühl gegeben. Ich hänge nicht mehr an Erinnerungen, verliebe mich nicht ständig erneut in Vergangenes. Jemand, der mich von Morgen träumen lässt. Jemand, der das tagtägliche Leben so froh und lebenswert gestaltet, dass ich abends gar nicht mehr schlafen gehen möchte, um zu träumen. Ich schaue ihm zu, wie er zu dem Lied pfeift, was gerade im Radio läuft und wie er sanft auf das Lenkrad trommelt. Dann stütze ich meinen Kopf auf meine Hand, schaue aus dem Fenster, höre die leise Musik und sein Pfeifen. Ich bin glücklich und so dankbar. Bei Ihm bin ich Ich.
Und genau das ist mehr als genug für ihn.

Regentropfen

Folgende Situation:

Ich liege in meinem Bett, das Fenster vor mir ist sperrangelweit offen, draußen regnet es in Strömen. Das erste Mal nach Wochen. Die Erde hat es dringend nötig und ich brauche es auch. Es ist schon dunkel draußen und mein Zimmer ist direkt unter dem Dach. An solchen Abenden brauche ich keine Musik, ich kann stundenlang einfach dem Regen zuhören. Tropfen, die auf den Boden fallen. Tropfen, die auf Dächer fallen, sich am Ende des Daches sammeln und als Rinnsal auf den Boden platschen. Tropfen, die gar nicht erst den Boden berühren, sondern direkt wieder in Wasser landen. Seen, Teiche, Tümpel. Wasser in Wasser. Tropfen, die auf Blätter fallen und von dort aus weitertropfen. Die Luft kühlt ab, riecht frisch und kalt und ganz leichter Wind kommt durch mein offenes Fenster und streicht mir über die Haut.

Und ja klar, man weiß erst dann, was man hat, wenn sich die Dinge ändern.

Normal anders zu sein

Ich dachte immer ich bin anders, schon seit ich klein bin denke ich das. Ich dachte immer ich werde eines Tages aufwachen und magische Kräfte haben. Es hört sich albern an, wenn man seine Gedanken so aufs Papier bringt, aber ich denke tatsächlich, dass es auch anderen als Kind so ging. Ich dachte, dass ich irgendwann einmal ins Wasser steige und eine Flosse bekomme oder einmal in die Luft springe und dann anfange zu fliegen. Ich dachte immer ich wäre auserwählt für etwas, irgendetwas. Ich dachte jemand wird mir einen Brief reichen in dem steht, dass ich auf eine besondere Schule darf oder die Fähigkeit dazu habe, schlimme Dinge aufzuhalten. Ich dachte immer, ich werde einmal mit Tieren sprechen können oder die Welt verstehen. Ich dachte es, aber vor allem hoffte ich es. Es waren Kindheitsträume und Wünsche, geprägt von Geschichten, Filmen und einer blühenden Fantasie. Man wird älter und glaubt vielleicht nicht mehr daran insgeheim eine Meerjungfrau zu sein, aber man fühlt sich vielleicht immer noch nicht richtig an seinem Platz oder angekommen. Früher hat man diese Gefühle darauf geschoben, sich irgendwann selbst zu entdecken oder vielleicht doch noch diesen einen geheimen Brief zu bekommen, aber heute schiebe ich es schlichtweg darauf, dass das Leben so ist und es jedem Menschen gleich geht. Was ist es denn schon „anders" zu sein? Gibt es ein Gegenteil von anders sein? Normal? Gleich? Ich denke, dass sich alle einig sind, dass es kein „normal" gibt, wenn es um Menschen geht. Gibt es überhaupt Menschen, die nicht anders sind oder sich nicht anders fühlen? In einer Welt voller einzigartiger Geschöpfe ist es normal anders zu sein. Die Frage ist nur ob man anders sein *will* und da fällt mir die Entscheidung nicht schwer. Ich selbst zu sein ist natürlich anders sein. Es gibt niemanden, der so denkt wie ich, der so handelt wie ich. Jeder ist anders. Manche sehen es ein, manche nicht, wieder andere erkennen es erst gar nicht. Es fühlt sich gut an 100% der Mensch zu sein, der man nun mal ist. Wenn dort draußen niemand ist, der mich verstehen sollte, dann gibt es immer noch mich. Ich bin Ich und ich kann nur anders sein, was denn auch sonst? Ich dachte immer ich bin anders und ja, das bin ich auch.

Manchmal hält die Ewigkeit nicht für immer

Herzschmerz. Überall ist er. Filme, Lieder, herzzerreißende Poesie. Doch kann man es nicht nachvollziehen bis man selbst in solch eine Situation stolpert. Eine Person hat die Kraft deine Welt so kaputt aussehen zu lassen, dass man all die anderen guten Dinge nicht mehr sieht. Nie mehr, denkst du, wirst du so jemanden finden. Nie wieder, denkst du, kann jemand so perfekt sein für dich. Nie wieder, denkst du, kannst du jemanden so sehr lieben. Keiner, denkst du, kann dich gerade verstehen. Alles, denkst du, hat keinen Sinn mehr, weil es nur Sinn gemacht hat mit dieser Person in deinem Leben. Albern, denkst du, wenn du das hier liest. Richtig. Einer Person die Macht zu geben, dich so beeinflussen zu können, dass du all die anderen liebenden Menschen um dich nur noch halb wahrnehmen kannst, das ist wirklich verrückt. Die weite, unentdeckte Welt nicht mehr als spannend und großartig anzusehen wegen einer Person, das ist falsch. Ja, es ist nicht zu glauben, aber so sehr beeinflusst es uns wirklich, wenn wir meinen, dass unser kleines Herz auf ewig gebrochen ist. Ich wollte es umgehen einen Text darüber zu schreiben, aber der zweite Teil von Herzschmerz ist zu bedeutsam, um ihn nicht zu erwähnen. Nämlich das Finden von sich selbst. Das Verlieben in sich selbst und mit all dem was du ohnehin schon hast. Das Leben, welches ganz einfach möglich ist, auch ohne diese eine Person. Eine Erfahrung, an der man wächst. Ich kann verstehen, dass manche Menschen sagen, dass Liebeskummer ihnen mehr gebracht hat als all die Liebe davor. Die Zeit, durch die man geht, und das Wiederverlieben in sich selbst ist überwältigend. Wenn einem bewusst wird, dass man schon selbst alles hat, was man braucht. Der Moment, in dem man wieder an der Person vorbeigehen kann ohne ein bedrückendes Gefühl zu bekommen. Das Gefühl, wenn du merkst, dass dein, ach so kaputtes Herz, gerade auf einem guten Weg zur Besserung ist. Aufwachen und an alles denken, nur nicht mehr an diese Person. Spaß haben und einfach Spaß haben ohne zu denken: „Ach, wenn sie dabei wäre…diese eine Person". Vorankommen. Wachsen. Gute Tage, an denen es sich so anfühlt, als hätte man es geschafft. Die Gedanken sind wo anders, du bist wieder anwesend. Teilhabend an all dem wofür du lebst, umgeben von den Menschen, die dich wirklich lieben. Sie haben recht, wenn sie sagen, dass alles was du brauchst Zeit ist. Zeit und Bewegung. Und mit Bewegung ist nicht immer nur Physik gemeint. Es fängt mal wieder bei dir an, wie so oft. Es geht vorbei. Versprochen.

Bin nur mal kurz weg gewesen, um zu sehen wie das Leben sein kann.

Es ist so leise ohne dich und doch so unsagbar laut.

Wenn man es besser weiß

Ich sollte dich hassen,

tue es aber nicht.

Ich hätte jedes Recht dazu unfair zu dir zu sein,

würde es aber niemals tun.

Ich weiß nicht, was ich an dir liebe,

aber trotzdem ist es alles irgendwie.

Ich sollte nicht mehr hoffen,

doch das stoppt mich nicht.

Ich sollte dich hassen und nicht mich.

Eigentlich.

Aber glaub mir, es wird ein Happy End geben, vielleicht nur nicht so, wie du es erwartest hast.

Ich fühle es immer noch, nur stütze ich mich nicht mehr
darauf.

Ich war das glücklichste Mädchen, als er mir in die Augen sah.

Ich war das glücklichste Mädchen, als er meine Hand nahm.

Ich war das glücklichste Mädchen, als er mit mir tanzte.

Ich war das glücklichste Mädchen, als er seine Arme um mich legte.

Ich war das glücklichste Mädchen auf der ganzen Welt, als er mich küsste, auf die Lippen und danach auf die Stirn.

Und es wurde nie das, was ich mir wünschte.

Und stell dir vor: Ich bin das glücklichste Mädchen. Auch jetzt.   Alleine.

Flughäfen und der Flug an sich

Erster Eintrag in mein Notizbuch, entstanden auf dem Flug nach Riga (Lettland)

Flughäfen sind großartig. Bei ihnen trifft alles zusammen: Kulturen, Menschen, Emotionen. Hunderte von Gesichtern rauschen an einem vorbei. Es sind freudige Gesichter von denen, die es kaum erwarten können zu verreisen oder weil sie auf eine Person warten, die sie schon lange nicht mehr gesehen haben. Diese fröhlichen Menschen stehen meist hinter der Gepäckausgabe und warten auf andere. Sie warten mit Blumen oder einfach nur offenen Armen. Jedes Mal, wenn sich die Tür öffnet hoffen sie darauf, dass die Person kommt, auf die sie warten. Man fühlt sich geradezu unwohl, wenn man an den wartenden, aufgeregten Gesichtern vorbeiläuft. Man erkennt die Enttäuschung und die Hoffnung, die erlischt und dann wieder aufglimmt sobald sich die Türe erneut öffnet. Du wirst für eine Person gehalten, die du nicht bist und vielleicht wünscht man sich dann auch jemanden, der so sehnsüchtig auf dich wartet. Der Kontrast zu den freudigen Gesichtern am Empfang sind die traurigen beim Abschied. Familien, die sich trennen müssen für lange Zeit oder Paare, die sich für nur eine Woche nicht sehen können. Menschen, welche sobald sie die Person losgelassen haben sofort ihre Arme wieder um sie schließen. Die Angst nicht richtig Tschüss gesagt zu haben oder zu wenig oder zu ausdruckslos, sie besteht. Oft fallen einem die richtigen Abschiedsworte erst dann ein, wenn man die Möglichkeit, sie zu sagen, nicht mehr hat.

Freude, Trauer, Aufregung. Alles sammelt sich in einem Flughafen. Alles bekommt man zu Gesicht. Menschen wuseln durch riesige Hallen auf einem Boden, der so glänzt, dass man denkt ausrutschen zu müssen. Jeder geht in eine andere Richtung. Jeder hat ein anderes Ziel und manche vielleicht noch gar keins. Man hört Koffer rollen, wie sie über den Boden rattern. Man hört verschiedene Sprachen der Passagiere und Durchsagen, die kaum verständlich sind. Zwischendrin blinkende Anzeigen und Uhren mit Uhrzeiten, an die sich alle halten und nach denen sie sich richten. Meterlange Warteschlangen, verlassene Gepäckstücke. Alles ist um einen herum. Geschäftsleute in Anzügen, mit ihren kleinen, schwarzen, handlichen Trollis, jagen im Schnellschritt durch die Hallen. Familienväter halten die Kinder zusammen und abenteuerlustig Reisende laufen mit riesigen Rucksäcken und zusammengebundenen Haaren an einem vorbei. Schlafsäcke und Thermoskannen sind außerhalb von ihrem Rucksack mit Karabinern befestigt und sie laufen mir ihrem festen Schuhwerk über den glanzpolierten Boden. Direkt daneben ein Model auf Reisen. Ein makellos geschminktes Gesicht zieht einen farbigen Koffer hinter sich her. Eine riesige Handtasche ist ihr Handgepäck, das Markenlogo dominiert klar auf der Tasche. In ihrer linken Hand liegt ein Iphone geschmückt mit einer teuren Handyhülle. Zwischen den Reisenden stolziert, die ein oder andere Stewardess, ihre Absätze klacken laut auf den Boden und sie zieht hastig ihren kleinen Koffer hinter sich her. Die Farbe von ihrem Halstuch verrät von welcher Fluggesellschaft sie stammt.

Wenn man sich in die Mitte der Halle stellt schlagen einem mehrere Sprachen gegen das Ohr, man probiert einzelne Wörter zu verstehen, scheitert aber meistens. Wie faszinierend es ist, dass fast jedes Land eine eigene Sprache hat und somit jedes einzelne Objekt auf der Welt tausende Namen. Jeder meint das Gleiche, benutzt aber ein anderes Wort. Alle, zumindest viele, sprechen von einer Reise, dem Flug oder was ihnen bevorsteht und trotzdem hört es sich nach etwas komplett anderem an. Aus der Halle, gefüllt mit zahlreichen Eindrücken, geht es weiter zur Zollkontrolle. Ohne Angst oder Anspannung gehe ich nie dort hinein. Fast jedem ist die Anspannung anzusehen, auch wenn es nur die Gürtelschnalle ist, welche ein Piepsen auslöst. Ernstblickende Sicherheitsbeamte winken dich zur Seite und suchen nach etwas Verdächtigem. Befreit ist man erst, wenn man seine Sachen wieder nehmen kann und dem Flug so gut wie nichts mehr im Wege steht. Menschen laufen mit Reisepass und Flugticket in der Hand durch die endlosen Gänge um pünktlich am Gate zu sein.

Das Beeindruckendste, aus meiner Sicht, ist jedoch nicht nur die Erfahrung einmal in mitten von einem belebten Flughafen zu stehen, sondern das Abheben und das Fliegen an sich. Ein riesiges, schweres und vollbepacktes Metallgehäuse schwingt sich in die Lüfte und fliegt. Mit einer ungeheuren Geschwindigkeit beschleunigt es auf der langen Startbahn. Von Sekunde zu Sekunde wird es schneller und hebt letztendlich ab. Nichts trägt es mehr, kein Boden unter den Rollen. Unter einem, neben einem und über einem ist nur Luft. Und sobald man fliegt, spürt man die Geschwindigkeit nicht mehr, man hört kein Rattern von den Rollen auf dem Teer der Startbahn. Man sieht nur noch wie alles unter einem in Sekunden immer kleiner wird. Man steigt höher und durchstößt irgendwann die Wolkendecke. Alles ist weiß, wenn man aus dem Fenster schaut. Man fliegt durch eine Wolke, sitzt in einem tonnenschweren Fluggerät und das hundert Meter entfernt vom Boden- in den Wolken und irgendwann darüber. Sobald man über den Wolken ist, wird einem bewusst, dass das schöne Wetter immer da ist. Man muss nur hoch genug fliegen.

Das gibt es nicht

Auszug aus einer Geschichte, die schon jahrelang in meinem Kopf schlummert, ohne jemals auf Papier gebracht worden zu sein.

Er lächelt und schaut an mir vorbei in die unberührte Ferne. „Es gibt keine Zeit. Alles was es gibt, sind Uhren", fängt er an und schaut mir dann in die Augen, „Es gibt doch praktisch keine Tage, die man benennen kann. Die Vögel fangen morgens nicht an zu zwitschern, weil sie wissen, dass heute ein neuer Tag beginnt. Sie zwitschern, weil es weitergeht. Das Leben ist nicht unterteilt in Abschnitte und Routine. Abends verschwindet die Sonne und morgens zeigt sie sich wieder. Aber nicht, weil alles wieder von vorne beginnt, sondern weil es sich weiterdreht. In eine Richtung und zwar nur in eine Richtung. Nicht zurück und schon gar nicht, ist irgendetwas stehengeblieben. Es ist eine unendliche Geschichte und kein tagtäglicher Notizbucheintrag. Es wird ohne Punkt und Komma weitergeschrieben, deswegen ist es auch so wichtig im Jetzt zu leben.", er hört auf zu reden und schaut mich weiterhin an. Ich muss mit großen Augen vor ihm sitzen. Verständnislos und ratlos sehe ich aus. Aber ich bin nicht verständnislos, ganz im Gegenteil: Ich habe noch nie etwas so sehr verstanden, noch nie war ich so begeistert von einer anderen Perspektive, wie ich es gerade bin. „Es gibt keine Zeit, nur Uhren.", wiederhole ich leise und löse meinen Blick von ihm. Vor mir erstreckt sich die endlose, unberührte

Landschaft. Kein Blatt gekrümmt, kein Menschenfuß hat jemals dieses Land betreten.

Die Geschichte wird immer weitergeschrieben. Das ist der Grund warum wir an Erfahrungen wachsen und manche Dinge eben nicht von heute auf morgen sofort anders sind. Man startet nicht jeden Tag neu. Man macht weiter und lernt.

Wir brauchen die Welt, aber die Welt braucht uns nicht.

Stille

Nirgends ist es so still wie auf dem Gipfel eines Berges. Nichts um einen herum macht Geräusche, nichts. Selbst, wenn man sich anstrengt etwas zu hören. Wie als hätte jemand die Welt um dich herum angehalten und du bist ganz alleine mit dem Blick auf alles, was sich vor dir erstreckt. Kein Rauschen der Blätter von Bäumen, kein Auto, kein Gerede von Menschen, keine Musik, kein Zwitschern der Vögel. Alles, was du hörst, ist Stille. Wenn man einmal Stille gehört hat, absolute Stille, dann vergisst man es nie wieder. Nichts zu hören, außer Ruhe. Es widerspricht sich, wenn man es aufschreibt, aber die Erfahrung ist einmalig. Das Einzige was ganz leise die Stille untermalt sind die eigenen Atemzüge, welche sachte den Brustkorb anheben und sinken lassen.

Aussichten, die unsere Probleme winzig klein und die Welt unendlich aussehen lassen.

Meine Inspiration

Wenn mich Dinge inspirieren, dann berühren sie mich. Sie lassen mich lieben, hassen, Perspektiven wechseln oder begeistern mich einfach nur in dem, was sie sind. Es gibt vieles, was mich inspiriert und oft sind es Menschen. Manchmal nur ein einziges Blatt, das vor mir auf dem Weg liegt, aber oft sind es Menschen. Es kann die Stimme sein, ihre Art, die Weise, wie sie mit anderen Menschen oder mit mir umgehen. Es können ihre Worte sein oder auch nur ihr Aussehen. Vielleicht ist es auch nur ein Fremder, der meinen Weg kreuzt. Seine Ausstrahlung bleibt mir so sehr im Kopf, dass ich inspiriert dazu bin, darüber zu schreiben. Manchmal sind es also Fremde, oft aber auch Menschen, die ohnehin schon Teil von meinem Leben sind.

Es sind auch nicht immer die positiven Eigenschaften und Dinge, die einen inspirieren. Nicht zu selten, sind es die Menschen, die einen verletzten. Denn sie sind es, die du am meisten liebst, welche dir am meisten weh tun können. Eine herrlich furchtbare Kombination. Viele Künstler sind am meisten inspiriert, wenn sie traurig sind. Sie verarbeiten, werden Dinge los und helfen sich somit selbst. So ist es aber natürlich nicht immer. So habe ich, zum Beispiel, mehr als genug positive Erfahrungen gemacht, die mich zu jeglichen Texten inspiriert haben. Über manche Menschen in meinem Leben könnte ich ganze Bücher schreiben. Aus dem einfachen Grund, dass mich ihre Person so sehr begeistert. Manche Charakterzüge von Leuten bekomme ich nicht aus dem

Kopf. Und wenn Menschen so etwas in mir auslösen, dann möchte ich es ihnen zeigen. Ich möchte, dass sie wissen, was so besonders an ihnen ist. Ich möchte ihnen zeigen, was ich in ihnen sehe. Was für Perlen sie in sich tragen, die sie wahrscheinlich für selbstverständlich ansehen oder erst gar nicht erkennen. Ich bringe es zu Papier oder lasse es sie wissen, was für eine einzigartige Persönlichkeit sie haben. Dass ich es faszinierend finde wie sie alle Menschen zum Lachen bringen können, wie wohl man sich in ihrer Gegenwart fühlt oder wie wertvoll es ist, dass sie ehrlich sind. Ich erzähle ihnen, dass ich mich nur mit wenigen Menschen so gut unterhalten kann, dass mich das ganze Wissen der Person begeistert und wie schön ich es finde, dass sie machen, worauf sie Lust haben. Ich sage, dass sie mich inspirieren und das ist der Punkt, bei dem jedem bewusst wird, dass er etwas Einzigartiges in sich trägt. Denn einen inspiriert nur das, was einen träumen lässt. Jemanden, der Dinge vollbringt, die man selbst auch gerne vollbringen würde.

Am liebsten rede ich mit den Leuten,

die nicht nur reden,

sondern auch etwas sagen.

Bis dorthin

Denn es ist so: Man sollte Erfolge möglichst für sich behalten oder noch viel mehr den Weg dorthin. Groß träumen, hart arbeiten und ein Leben leben, wie man es für richtig hält und es für lebenswert befindet. Es kann gut sein, dass es dann nicht die Dinge beinhaltet, die andere von einem perfekten Leben erwarten. Man braucht die Dinge nicht zu lieben, welche Andere vortäuschen zu lieben. Verfolge deine Ziele, lebe ein Leben, wie es in Büchern steht, doch du brauchst nicht alles erzählen. Denn Menschen sind es oft, die schöne Dinge ruinieren, indem sie dir Zweifel geben. Bleibe dir selbst treu. Wenn dich etwas erfüllt und dich glücklich macht, wie keine andere Sache, wieso sollte es dann falsch sein?

Wenn du also Schönheit in etwas erkennst, warte nicht auf die Zustimmung anderer.

„Glaube mir, gehe noch weiter.
Sie werden es bewundern, weil ganz tief im Inneren brennen sie auch für etwas, das sie unbedingt wollen, genauso wie du."

Arbeitszeit ist Lebenszeit. Du solltest nicht in der Freizeit probieren deine Träume zu verwirklichen.

Alltag

Wieso sind wir oft so blind vor der Schönheit von Alltagssitutationen? Sind wir so gefangen in der Alltäglichkeit und dem Wunsch nach Veränderung, dass es spurlos an einem vorbeigeht?

Ich musste tatsächlich durch Zufall an einem Abend den Sonnenuntergang von einem Fenster zuhause aus sehen, um zu begreifen, dass ich das jeden Abend haben könnte. Eine weite, wunderschöne Perspektive tat sich vor mir auf und ich hatte es jahrelang nicht wahrgenommen, weil man ist ja Zuhause – was ist da schon?

Im Urlaub ist das was Anderes. Dort sind schöne Straßen, Sonnenuntergänge,Pflanzen und Menschenbegegnungen aufregend, einzigartig und faszinierend. Manchmal wünschte ich mir die Heimat wäre wie die fremden Orte, aber dann wäre es auch keine Heimat mehr, keine Geborgenheit und Altbekanntes.

So ist die Heimat nämlich das: Ein Ort, an dem eben nicht alles neu, spannend und aufregend ist, aber es sollte niemals Alltag sein.

Alltag ist der Feind von Freude.

Angewohnheiten versüßen das Leben;
Routine ruiniert es.

Worte

Worte sind mächtig.

Ohne Zweifel.

Es müssen nur die Richtigen sein und es öffnen sich
Türen oder man versperrt Wege.

Mit Worten kann man aus schlechten Momenten
Großartige machen

Und aus Zerbrochenem Ganzen.

Menschen, die die richtigen Worte finden, treffen und
benutzen.

Sie begeistern uns.

Gespräche, die nie langweilig werden.

Immer neue Wendungen und Ausdrücke.

Es sind die Leute mit denen man reden kann, bei denen
man bleibt.

Worte sind das Mächtigste.

Ein falsches Wort kann Welten zerbrechen

Und ein Richtiges kann Jahre verbessern.

Politiker sind gut, wenn sie sich klug ausdrücken, jedoch
so, dass es Menschen verstehen.

Es muss die Leute bewegen.

Worte müssen gewählt werden, die ausdrucksstark sind und echt.

Zu viele reden und sagen nichts dabei.

Es sind die Leute, die sich ausdrücken können und mit Worten spielen, in die ich mich verliebe.

Es ist die Kunst kraftvolle Worte mit Respekt zu finden um verzwickten Situationen zu entkommen.

Es sind drei Worte, die Herzen höherschlagen lassen und tiefe Verbindungen knüpfen.

Vor allem aber ist es die Überzeugung und Wahrhaftigkeit hinter den Worten.

Immer.

Denn es sind die Worte, die bleiben.

Neben Taten, die sie unterstützen.

Worte sind mächtig.

Ohne Zweifel.

Was es ist

Es sind die Nächte, die zu Morgen werden.

Es sind die Minuten, in denen sich der Himmel von blau zu goldgelb färbt.

Es sind die Regentropfen auf dem Dachfenster,

die Lieder mit meinen Freunden am Lagerfeuer

und die Sorgen, die zu Wolken werden, wenn man bei den richtigen Leuten ist.

Es sind die Duftkerzen zur Winterzeit und die Eiswürfel an Sommertagen.

Es sind die abgekühlten Straßen nach einer Regennacht

und die immer wieder vollen Gläser an unvergesslichen Abenden.

Es ist der feinkörnige Sand unter meinen Füßen,

der Geruch nach frischgebrühtem Kaffee und Brötchen an einem Sonntagmorgen,

der Gedanke an die Menschen, die mir nahestehen.

Es ist das Feuer im Kamin,

das Laufen auf Kieswegen, dort wo man jeden Schritt hören kann.

Es ist das selbstbestimmte Aufstehen an freien Tagen

und das Leuchten von Lichterketten in dunklen Monaten.

Es ist das Kennenlernen von neuen Leuten, die plötzlich dein Leben verändern,

das gedankenverlorene Handeln während dem Laufen an der frischen Luft.

Es ist das Entdecken von ruhigen Cafés in der Seitenstraße und verlassenen Buchläden,

das Besuchen von neuen Orten in anderen Ländern

und das alljährige Backen von Schokoladenkuchen an Geburtstagen.

Es ist das Heimkommen und ins Bett fallen nach stressgefüllten Tagen.

Es ist das Öffnen von Teepackungen

und das grundlose Lachen von mir und meinen Freunden.

Es ist der nicht witzige Witz, über den ich seit Wochen lachen kann.

Es ist die kleine Berührung einer Person, die man nicht vergisst,

das freundliche Lächeln eines fremden Menschen

und das Gefühl verstanden zu werden.

Die salzige Haut nach dem Baden im Meer,

der Muskelkater nachdem eine Nacht durchtanzt wurde,

das Lieblingsessen auf dem Teller

und der knirschende Schnee, wenn man morgens seine ersten Schritte darauf macht.

Es ist dieses eine Gespräch, dass du niemals vergisst

und dieser Mensch, bei dem du merkst, dass sich mit Absicht die Wege gekreuzt und getroffen haben.

Es ist die Leidenschaft, die dich antreibt.

Die Hoffnung, die dich immer dazu bringt in Bewegung zu bleiben,

der Sonnenuntergang, die Partynacht, das Morgenlicht.

Es ist all das.

Und du hast Zeit dir Sorgen zu machen?

Unvergessliche Momente, die uns alles vergessen lassen.

Vielleicht sollten wir uns viel öfter in Momente verlieben, anstatt in Dinge.

Es war einer dieser Morgen, an denen die Welt in Ordnung war. Die Luft war angenehm und es wehte ein sanfter klarer Wind. Die Sonne strahlte überzeugt direkt ins Bett. Der Kaffee schmeckte noch viel besser als sonst und die Seele und das Gemüt waren ruhig.

Jeder Mensch

Ich glaube an das Gute in jedem Menschen. Jedem. Viele werden mir bei diesem Thema nicht zustimmen, aber ich bin mir sicher, dass jeder Mensch das Gute in sich trägt. Bei manchen scheint es so als wären sie nur daraus gemacht, bei anderen bekommt man es nur ganz selten zu Gesicht. Daran sind aber meiner Meinung nach nicht die Menschen schuld. Es sind ihre Geschichten, ihr Umfeld, ihre Erfahrungen, die sie zu dem machen, was sie heute sind. Oder anders gesagt, was sie dazu bringt gut oder schlecht zu handeln. Wir alle kennen gute Menschen, die schon schlechte Dinge getan haben. Bei manchen Menschen braucht es vielleicht Zeit, um die guten Seiten zu sehen, bei anderen die richtigen Themen. Schon jemals einen Menschen aufblühen gesehen, sobald man über etwas redet, dass ihn begeistert? Das meine ich. Es lässt das Gute von innen strahlen. Manchen Leuten wird beigebracht wie sie sich zu verhalten haben und sie wissen nicht, was sie in sich tragen, bis sie es eines Tages entdecken. Denn wenn wir ehrlich sind und so ist es auch: Wir alle sind eine schlechte Person, eine negative Erinnerung, in dem Leben von jemand anderem. Niemand ist nur gut, aber jeder trägt es in sich.

Von ihm

Eine kleine Erzählung

Sie setzte sich gegenüber, holte Luft.
Irgendwo in der Ferne hörte man schwache Stimmen.
„Ich traf diesen Mann.", fing sie an,
„Er stand mit beiden Beinen im Leben, hatte einen stabilen und treuen Freundeskreis um sich. Er kannte sehr viele Gesichter und war mit genauso vielen Leuten in Kontakt. Die Wochen verbrachte er arbeitend, die Wochenenden feiernd – Ruhe war ihm kein Begriff. Ruhe machte ihm Angst. Dort waren die Momente. Es waren die Momente, in denen er anfing über Dinge nachzudenken, die ihm Angst machten: Wie geht es weiter? Verpasse ich etwas, das ich eigentlich wirklich will? Treffe ich die richtigen Entscheidungen? Was will ich wirklich und ist das, was ich gerade tue, ein Teil davon?
Doch dann viel auf, dass dieser Junge der seinen Tag mit Anrufen, Kontakten und Aufgaben füllte, nur ein Stück weit wirklich so war. Dass dieser Junge, der kurze und auch kalte Antworten gab, in Momenten alleine lange Monologe führte und niederschrieb. Dass dieser Junge, der oft zu beschäftigt war, abwesend und empathielos wirkte, in Wirklichkeit immer alles sah, überdachte und von gemischten Gefühlen erfüllt war. Dass dieser Junge, der die Welt bereiste und fast nie in der Muttersprache sprach, am liebsten in der Heimat war. Dass dieser Junge, der so viele Menschen bei Namen kannte und deren Leben er verfolgte, doch nur einer Handvoll wirklich

55

vertraute. Dass dieser Junge, der ewig strebte und wahrhaftig viel erreichte, nicht zu dem kam, was er wirklich wollte. Dass dieser Junge, der auf allen Feierlichkeiten war, auch nur am Glücklichsten in seinem Bett war.

Er dachte viel, erreichte noch mehr und übersah trotzdem so vieles. Ein Zwiespalt seiner selbst. Strebsam sein und Weiterkommen, doch die Geborgenheit spüren und glücklich sein. Stillstand galt als größter Feind und doch sehnte er sich nach Zuhause.

Ich liebte diesen Mann. All das, beide Seiten.

Vor allem aber, sah ich sie.",

die letzten Worte standen im Raum, ihre Stimme wurde brüchiger gegen Ende, aber sie war sehr gefasst. Die Stimmen in der Ferne sind etwas lauter geworden.

Irgendetwas sagte mir, dass sie nicht aufgehört hatte ihn zu lieben.

Es wird diese Person geben, die dich liebt.
Die einem Hoffnung gibt und Kraft. Kraft in den
Momenten, in denen das Leben eiskalt ist.

Problemschmiede

Es ist wirklich so:
Die Probleme, die wir haben, oder sehr viele davon, sind Probleme, die wir selbst gestalten. Das Werk von Gedanken und Sorgen. Wir sind diejenigen, die uns selbst am meisten kaputt machen. Stell dir vor du würdest einfach alles so akzeptieren wie es ist: Viel würde nicht mehr übrigbleiben, um sich Gedanken zu machen. Es gibt dann keinen Grund mehr Entscheidungen zu hinterfragen, denn sie wurden gefällt. Im Allgemeinen wären Entscheidungen einfacher, denn man hinterfragt nicht was besser ist, man listet keine Vor- und Nachteile auf oder überdenkt die Konsequenzen. Man folgt der Intuition und vertraut darauf, dass es richtig ist. Wenn man aufhört zu überdenken, dann bleiben Fehler Fehler, aber sie hindern keineswegs die Zukunft.
Ohne vergewissernde Gedanken gibt es gar keine Komplexität mehr, weil man annimmt, was auf der Hand liegt. Weil man akzeptiert, was sich von vornerein richtig anfühlte. Deswegen sollten wir auch so handeln, wie es uns instinktiv am Richtigsten erscheint.

Wenn es nur immer so einfach wäre.

Wir machen unsere kleinen Probleme zu Weltproblemen
und Weltprobleme zu Kleinen.

Verglichen zu einem ganzen Leben

Und was ist das verglichen zu einem ganzen Leben? Wenn vor dir noch deine besten Tage liegen können? Wenn du die besten Menschen in deinem Leben noch gar nicht getroffen hast? Wenn du in zwei Wochen schon wieder so viel lachen kannst wie schon ewig nicht mehr oder vielleicht auch schon in zwei Stunden? Der Körper, indem du trauerst, dort hast du auch schon die schönsten Tage erlebt, geliebt und gelacht. All das Gute, was in dunklen Zeiten, wie weggewischt scheint, war auch hier. In genau dem gleichen Leben, der gleichen Person, der gleichen Welt. Denn was sind die schlechten Zeiten verglichen zu einem ganzen Leben? Verglichen zu all den unsagbar glücklichen Momenten. Die Momente, in denen man einfach nur ist, was man gerade ist. Man lebt für das, was gerade passiert. Es interessiert Einen gar nicht, was in der nächsten Stunde sein wird oder wie es Einem gestern noch ging. Weil was kann man schon ändern, anstatt einfach zu sein? Und wieso überhaupt geben wir den negativen Einflüssen mehr Kraft auf unser Befinden? Wieso geben uns Probleme immer so ein Gefühl, dass sie schwer und unlösbar sind? Denn sie sind doch auch temporär, genauso wie gute Zeiten. Sie bleiben uns nur länger im Gedächtnis, weil sie hart sind. Was ist mit den zahlreichen schönen Momenten Tag für Tag? Wieso haben wir sie am Abend schon wieder vergessen? Vielleicht sollten wir unser Denken umstellen, anfangen die guten Momente schwerer zu gewichten, sie immer wieder hervorzurufen. Wenn wir meinen, dass ein schlechter Moment so viele schönen Momente kaputt machen kann, wieso kann dann nicht ein guter Moment ganz viele schlechte Tage verbessern? Nun betrachte dein Problem aus einer anderen Perspektive: Was ist es verglichen zu einem ganzen Leben?

Und hey, Papier schlägt Stein.

Es ist nicht das Alter. Es sind die Erfahrungen, die Orte an denen du warst, die Leute mit denen du in Verbindung stehst und die Art wie du denkst.

Ehrlich echt

Wenig Dinge begeistern mich so sehr wie echte Gefühle, echte Momente und echte Menschen.

Dabei spiele ich nicht auf das „Fake"-Dasein an, was der Gesellschaft oft vorgeworfen wird, denn um ehrlich zu sein:

Wir sind doch alle nicht 100% wir selbst vor allen erdenklichen Menschen, sondern eben nur vor einer Handvoll oder nur einem Jemand.

Nein, was ich meine ist Klarheit.

Das Gefühl zu haben, dass es echt ist:

ernst gemeint, ehrlich, bewusst.

Wenn jemand spricht, dass diese Worte dann auch an mich gehen, die Worte gewählt sind und nicht an jeden geschmissen werden.

Klarheit in solchem Sinne, dass es sich um den Moment dreht und man voll und ganz dort ist und somit vielleicht etwas mit Herzblut und Überzeugung vollbringt.

Es mag sich nach hohen Erwartungen anhören. Aber wir alle suchen doch ständig das Echte, Ehrliche, Ernste und Pure.

Vertrauen dazu, dass es richtig ist.

Das was vor uns ist.

Herbst

Eigentlich liebe ich so ziemlich alles am Herbst. Die angenehme Kälte, der gemütliche Regen, die wunderschön verfärbten Blätter, die leckeren Kastanien und der süße Wein. Die Liste ist lang. Nur schon alleine die Luft im Herbst ist anders, besser als die Luft während den anderen Jahreszeiten. Sie ist klar und kühl. Wenn man einmal tief einatmet kann man riechen wie frisch sie ist. Manchmal stelle ich mich ans Fenster um einfach durchzuatmen und die pure Luft zu schmecken. Es scheint als wäre sie frisch von der Natur gefiltert und vorsichtig von dem Herbst abgekühlt worden. Wie ein perfektes Endprodukt jagt dann genau diese Luft durch die kahl werdenden Bäume und das rotbraune Laub am Boden. Braun, dunkles Rot und Gelb dominieren den Herbst. Farben, welche zusammen perfekt harmonieren. Farben, die zusammen ein schönes, warmes und wohliges Bild vermitteln. Haufenweise Laub hat diese Farben. Zwischen dem Laub liegen dunkelbraun glänzende Rostkastanien. Ihre Oberfläche ist so glatt, dass ich es gar nicht glauben kann, dass sie so makellos aus der Natur kommen. Ich könnte Stunden und seitenweise von den Farben im Herbst schwärmen. Manche Blätter tragen weiche Farbverläufe auf sich, so dass es aussieht als wäre es mit Wasserfarbe gemalt worden. Doch nicht nur der Blattabwurf nimmt zu im Herbst, auch der Wind. Er wird stärker und kälter. Er lädt die Menschen dazu ein wieder Schals zu tragen und vor dem Kamin Tee zu trinken. Ganz oft genieße ich es aber auch durch den Wind zu laufen und ihn ganz klar spüren zu können. Man hört den

Wind, wenn man die Augen schließt und vor allem hört man die Dinge, die er bewegt. Blätter an den Bäumen, Äste oder auch kleine Steine und abgefallenes Grün auf der Straße. Mit dem Wind kommt die Kälte und mit der Kälte die Gemütlichkeit. Decken, Tee, Duftkerzen, Bücher, warme Bäder und Schokolade. Gibt es etwas Schöneres als ein gemütlicher Herbstabend nach einem langen Tag? Sich mit Tee, zwei Decken und einem tollen Buch ins Bett zu kuscheln, nachdem man draußen spazieren war. Das ist was ich liebe, das ist was ich wirklich schätze. Wenn die Kerzen langsam meinen Raum mit Wärme und Duft füllen, wenn es draußen früh dunkel wird und der Regen aufs Dachfenster prasselt. Dann ist es Herbst.

Wie echt das Leben ist

Es war in Griechenland, als ich in einer warmen Nacht am Strand in einer kleinen, nicht allzu belebten Bucht, in einer Hängematte lag. Es war schon dunkel draußen und nur die Lichterketten, von dem Restaurant ein paar Meter neben mir, leuchteten. Ich schloss die Augen, schaltete meine Gedankenwelt für eine kurze Weile aus und hörte einfach nur. Meeresrauschen, Menschen in Gespräche vertieft, Gläser klirren, Kies unter den Füßen von laufenden Menschen. Plötzlich war alles so intensiv, echt und einfach nur schön. Ich musste anfangen zu lächeln und konnte nicht mehr aufhören. Mir wurde bewusst wie echt das Leben ist. Wie viel um einen herum passiert und wie oft man doch in seine Gedanken flieht. Viel zu selten ist man zu 100% dort, wo man gerade ist. Man denkt, überdenkt, verarbeitet. Dabei sollte man viel öfter einfach nur sein. Aufnehmen was passiert, sich umschauen, zuhören. Jim Elliot hat genau das einmal passend in Worte gefasst: „Wo auch immer du bist, sei ganz dort.".

Ich glaube ich liebe dich.
Es ist alles so ruhig und einfach.

Erkunde deine Heimat, als wärst du noch nie dort gewesen.

Reisende

Weiterer Teil aus dem Buch, welches ich nie schreiben werde.

„Es gibt Menschen, die sagen sie reisen, wenn sie einen Strandurlaub machen und nicht mehr sehen als ihren Sonnenschirm von unten und die Aussicht aus ihrem Hotelzimmer. Es gibt auch Menschen, die sagen sie reisen, während sie eine Hauptstadt besuchen und in einen Bus steigen um alle wichtigsten Merkmale der Stadt anzuschauen. Wenn du mit mir reisen gehst, ist es anders. Ich habe Grundsätze. Wir gehen nicht dorthin wohin alle gehen. Wir gehen in Seitenstraßen und Vororte. Wir essen nur in Restaurants, bei denen du die Karte ausschließlich in der Landessprache bekommst. Wir lernen Einheimische kennen und lassen uns Geschichten von der Kultur erzählen. Wir werden viele Tage nichts planen und einfach losfahren, bis wir an einen Ort kommen, der uns gefällt und dort bleiben wir dann für eine Nacht. Wir probieren die Landessprache zu sprechen und besuchen kleine Läden in noch kleineren Städtchen. Und noch dazu: Wir machen keine Bilder, wir behalten es im Kopf und auf Papier. Wir erkunden und erleben das Land, wir sind frei. Was mir wichtig ist und ich glaube du hast es bis hierher erfasst: Wir sind keine Touristen, wir sind Reisende.".

Er möchte eine Antwort, aber darauf habe ich keine.

Der Sinn des Lebens

Die Frage, die sich jeder stellt

Es ist einer der meist gestellten Fragen, auf die es zahlreiche Antworten gibt und keine davon ist falsch. Was ist der Sinn des Lebens? Ich bin einmal über den Spruch gestolpert: *„Der Sinn des Lebens, ist es, dem Leben einen Sinn zu geben.".* Nicht oft überzeugen mich Zitate und Sprüche sofort, aber dieser blieb. Es drückt genau das aus wonach alle suchen. Die Suche nach einer Antwort. Ganz biologisch gesehen hat das Leben den Sinn, dass man überlebt und sich fortpflanzt. Das ist es auch schon. So trocken kann eine Antwort auf eine sehr spannende Frage sein. Jedoch denken Menschen noch viel weiter als das. Was auch richtig ist, denn wir machen aus dem Leben noch so viel mehr. Fortpflanzen bedeutet für uns Familie und eine Familie zu gründen kann, für den einen oder anderen, der Sinn des Lebens sein. Für wieder andere ist es wichtig, etwas in der Welt zu hinterlassen, das bleibt. Manche wollen einfach nur genießen und Spaß haben. Jeder sieht etwas anderes im Leben und es ist nicht möglich eine eindeutige Antwort zu finden. Es ist aber richtig zu sagen, dass man einen Sinn für sich selber findet. Geliebt zu werden, Liebe zu geben, viel von der Welt zu sehen oder was auch immer es sein mag. Vielleicht sollten wir uns auch gar nicht so viel mit dem Leben im Großen und Ganzen beschäftigen, sondern viel mehr mit dem leben an sich. Dieses einzige Leben, das wir haben, einfach leben. Was bringt es die einzige Zeit, die man auf dieser Welt hat, mit Gedanken zu verbringen, welche nie klar beantwortet werden können. Gib deinem Leben einen Sinn und suche nicht danach.

Manchmal ist das Positive nur einen Gedanken entfernt.

Gleich, aber einzigartig

Oft habe ich schon gedacht: Da war es auch so, also wird es wieder so sein. Aber nein, Geschichten wiederholen sich nicht. Niemals, es kann einfach nicht sein. Der Hintergrund ist immer anders, die Geschichte, die Menschen, die Gefühle. Ein Zusammenspiel von ganz vielen kleinen und großen Dingen, die eine Geschichte einmalig machen. Da wird es keine Person geben, die so denkt wie du, fühlt oder mit gewissen Situationen umgeht wie du.

Also, falls du meinst, dass etwas vorbestimmt ist, weil andere es erfahren haben, erlebt oder meinen zu wissen, dann muss es bei dir keinesfalls auch so sein. Bei ihnen war es vielleicht ähnlich, aber nicht gleich. Es war ein anderer Zeitpunkt im Leben wie bei dir, sie reagierten anders als du, handelten anders und dachten andere Dinge dabei. Sie brachten ihre Persönlichkeit in die Sache, die nicht deine ist, und es war ihr Zusammenspiel von Momenten und Handlungen. Bei dir kann es anders sein; wird es anders sein. Nichts ist von vornerein festgeschrieben. Nichts wiederholt sich Schritt für Schritt. Es mag vielleicht sein, und so ist es auch, dass wir alle schon nicht mehr atmen konnten vor Lachen, nicht mehr aufhören mit Weinen oder uns hoffnungslos verliebten. Klar, alles die gleichen Dinge, aber ganz unterschiedliche Geschichten.

„Es ist ein Rätsel."

„Ja ich weiß, wir finden oft Gefallen an Rätseln.
Aber lass dir eins sagen:
Wenn es richtig ist, und ich rede hier von der Liebe;
dann ist es kein Rätsel.
Eher, denkst du, ist es ein Wunder,
weil ein so gänzliches, glückliches und erfüllendes Gefühl
plötzlich so einfach ist."

Denn sie liebten sich nicht-
sie waren nur.

Gemeinsam einsam und wenn sie aufwachten, waren sie
zusammen, aber alleine.

So groß wie sie ist, sie ist winzig.

Ist es nicht verrückt wie klein die Welt von jedem persönlich ist? Damit meine ich nicht den Raum um uns herum. Ja, wir reisen und ja, wir schauen Nachrichten und informieren uns was in der Welt passiert und ja, wir kennen tausende Gesichter und trotzdem ist unsere Welt klein, winzig klein. Begrenzt auf eine Person, einen Gedanken, einen Wunsch und auch wenn wir meinen unsere Welt sei groß, dreht sich alles nur um Eines.

Lass es diesen einen Gedanken sein, dieses eine Thema, welches dich immer beschäftigt. Vielleicht eine Frage oder ein Bild, dass immer auftaucht, wenn du allein bist und Zeit zum Nachdenken hast. Vielleicht auch das, was niemand von dir erwartet, weil du es nie erzählst.

Was ich damit sagen möchte: Es passieren täglich Dinge und sie beschäftigen uns und wir leben in dieser riesigen Welt, aber im Endeffekt ist es diese eine Person oder dieser eine Wunsch kurz vor dem Einschlafen, um den es sich alleine dreht. Bei jedem von uns.

7 Milliarden Menschen in 7 Milliarden Welten

Nehme nichts für selbstverständlich, denn das ist es nicht.

Es ist hier

Stell dir vor du wachst in einer Welt auf, in der grüne
Wiesen endlos sind. Der Himmel ist strahlend blau,
kristallklares Wasser bahnt sich Wege durch die
Landschaft und gibt allem um sicher herum Leben.
Dahinter erstrecken sich Berge, tausende Meter hoch mit
weißen Spitzen. In den Tälern sind dichte Wälder, der
Boden vollständig bewachsen mit tiefdunklem Moos.
Tiere bahnen sich Wege durch das dichte Gewächs,
bringen kleine Äste zum Knacken, Tau tropft am frühen
Morgen von den Blättern auf den Waldboden. Du drehst
dich um, schaust und läufst dann weiter. Die Berge und
Wälder, so mächtig wie sie sind, sie werden kleiner.
Langsam, umso weiter du läufst, erstreckt sich vor dir
etwas Wunderschönes. Blau, alle Blautöne, die du dir
erträumen kannst. Beruhigend und beängstigend zu
gleich. Eine Naturgewalt, die man nicht kontrollieren
kann: das Meer. Tief, unberechenbar, wunderschön und
faszinierend. Eine ganze andere Welt unter der
manchmal spiegelglatten Oberfläche. Oft auch eine ganz
ruhige Welt unter den hohen Wellen, Schaumkronen und
der Unruhe. Die Luft am Meer ist klar wie auf den Bergen,
aber salzig und du hörst das Rauschen der Wellen, die
immer wieder deine Füße umspielen. Die Luft riecht klar,
nicht so wie in den Wäldern. Dort schmeckt man die
frisch gefilterte Luft und den nährbaren Boden, das
Leben, der vielen versteckten Plätze. Am Meer wirkt sie
rein, in den Wäldern würzig, auf den Bergen klar. Vögel
im Himmel, weiße Wolken formen Bilder über dir. Du
nimmst deinen Blick von Himmel und schaust nicht mehr

in die Ferne, sondern direkt vor dich. Die angrenzende Wiese ist bestückt mit Blumen. Traumhafte Farben. Du pflückst sie nicht, setzt dich daneben, schaust sie an. So genau wie noch nie. Du hörst deinem Atem zu, den Vögeln, dem Rauschen, dem Wind, der Stille und legst dich hin. Mit beiden Händen reibst du dir die Augen, öffnest sie wieder und es ist alles immer noch gleich. Du lächelst.

Nichts davon gibt es nicht, nichts davon musstest du dir erträumen. Nichts davon kann man nicht finden. Es ist hier. Diese Welt ist hier.

Und ich hör nie auf zu suchen, doch die Frage ist wonach?

Das Ziel

Ein endloser Weg.

Ein Pfad, den wir zielsuchend entlanglaufen.

Spuren, denen wir folgen oder die wir hinterlassen.

Wunderschöne Dinge, die seitlich vorbeiziehen.

Abzweigungen, die wir vielleicht hätten nehmen sollen.

Große Wegschilder, die wir gekonnt übersehen.

Ein Pfad, den wir zielsuchend entlanglaufen.

Wo ist das Ziel?

Oder noch viel mehr: *Was* ist das Ziel?

Immer weiter.

Aussicht genießen und Augen verschließen.

Spuren folgen und wieder verlieren.

Endlos und zielsuchend.

Dabei wollen wir doch gar kein Ziel.

Wer will schon ein Ende?

Zuhause oder so

Es ist wohl wirklich so, dass wir ein Leben lang Zuhause suchen.

Zuhause oder so.

Wir sehen unsere Stadt von oben und wir wissen: Wir wurden hier geboren, sind hier aufgewachsen und hier sind die Leute, die Orte, die ich kenne.

Ich kenne den Baum links neben meiner Haustür und die drei letzten Stufen davor.

Aber ob das Zuhause ist?

Im Grunde suchen wir doch wirklich ein Leben lang danach.
Denn wenn wir angekommen sind, haben wir trotzdem das Gefühl da draußen ist etwas, dass gerade wegrennt und wir müssen hinterher.

Dieser unerbittliche Durst, den wir Menschen haben.

Vielleicht bist du einmal „Zuhause" für ein paar Wochen oder Monate, aber dann willst du wieder weg.

Was ist Zuhause?

Für manche ein Mensch, für manche ein Ort, aber eigentlich niemals ein Haus.

Zuhause ist kein Haus, niemals eine Wohnung an sich.

Es ist ein Gefühl und was darinsteht, wie viel Zeit du darin verbracht hast, welche Erinnerungen du damit verbindest.

Niemals ist ein Zimmer ein Zuhause, wenn du es nicht eingerichtet und nichts darin erlebt hast.

Manchmal bin ich auch Zuhause, wenn ich nur mit dir zusammen bin. Auch draußen.

Zuhause oder so.

Und dann frage ich mich: Wo will ich später Zuhause sein? Kann ich mir das überhaupt aussuchen?
Ich weiß es nicht.

Wir wissen nur, dass Zuhause uns Geborgenheit gibt, uns erfüllt.

Es ist angenehme Wärme von innen und Wärme von außen. Es ist Schutz.

Da kennt man keine Sorgen Zuhause.

Zuhause ist Heimat.

Das Zuhause ist in der Heimat.

Vielleicht ist die Heimat der Ort, an dem man geboren wurde und alles kennt und das Zuhause nimmt man mit?

Vielleicht ist es so und das Zuhause ist die Heimat zum Mitnehmen?

Ich weiß es nicht, aber wer weiß es schon.

Ich weiß nur, dass ich das Zuhause-Gefühl kenne und ich glaube, das ist das Wichtigste daran.

Weil Zuhause zu sein: Das ist diese ruhige Seele, das ist, wenn man diese Decke um sich hat.

Das ist, wenn man eigentlich an Nichts denkt, außer an den Moment.

Das ist, wenn man etwas hört, dass Einem vertraut vorkommt.

Das ist, wenn man etwas riecht, das man gerne hat.

Es ist Schutz und Geborgenheit.

Freiheit und Sicherheit in Einem.

Vertrautheit.

Leichtigkeit.

Vielleicht weiß ich nicht wo mein Zuhause ist, aber ich weiß, was Zuhause ist.

Ich stehe nun hier und bin
Zuhause oder so.

Er erzählte:

„Sie war wie ein Magnet. Meine Hände konnten nicht anders als ihre Taille zu umgreifen und sie zu mir zu ziehen. Ihr Geruch, ihr Lachen, ihre Silhouette, welche sich abzeichnete durch das Licht der diesigen Stadt im Hintergrund. Ich konnte nicht anders. Eine Hand hielt sie immer noch fest an der Taille, die andere wanderte hoch an ihrem Rücken und ich zog sie näher zu mir und küsste sie. Ich küsste sie so, wie ich sie schon immer küssen wollte. Aber zuvor hatte ich es noch nie in dieser Art getan. Aber alles an ihr und jeder Moment der Vergangenheit machte Sinn in diesem Augenblick. Ich wollte uns. Schon immer ist es das gewesen."

Zeit

Mein liebster und erster Text, den ich jemals vorgetragen habe.

Zeit ist alles was wir haben, aber auch nicht.

Eigentlich haben wir doch nie Zeit für alles.

Zuerst die Pflicht, dann das Vergnügen.

Ok, doch was ist, wenn immer neue Pflichten aufkommen?

Was ist, wenn wir all das das Spannende und Lebensverändernde nur verschieben?

Was ist, wenn wir die Pflichten in den Vordergrund stellen, weil sie uns wichtiger erscheinen?

Das sind sie aber nicht immer.

Morgen.

Morgen kann ich tun, was wichtig ist und nicht nur das Nötigste.

Wie oft habe ich schon so gedacht?

Viel zu oft.

Wie oft habe ich schon in der Zukunft gelebt?

Morgen werde ich es tun.

Nächsten Monat fange ich an.

In drei Monaten wird alles gut sein.

Nächste Sommer sieht alles ganz anders aus.

Irgendwann liebe ich mein Leben ohne Ausnahmen.

Eines Tages werde ich glücklich sterben.

Jetzt.

Nichts davon passiert, wenn du nicht jetzt anfängst.

In diesem Moment.

Heute muss was getan werden, damit in einem Monat alles gut ist.

Leute warten die ganze Woche auf den Freitag, das ganze Jahr auf den Sommer und das ganze Leben lang auf Glück.

Was bringt uns die Warterei?

Es wird nicht einfacher, sondern mehr.

Ja, es stimmt, wir müssen was tun.

Ja, es stimmt, wenn wir nicht anfangen kommen wir zu nichts.

Wir werden einmal alt auf der Veranda sitzen und denken „Wenn ich das getan hätte…"

Freitag.

Wieso auf den Freitag warten, der Montag hat euch nichts getan.

Die Stunden sind gleich lang, die Sorgen gleich schwer.

Jeder Tag, nein, jede Sekunde kann ein Neuanfang sein.

Alles was wir haben, ist jetzt.

Nicht die Vergangenheit, nicht die Zukunft.

Warte nicht auf den Sommer, wenn du den Winter hast.

Schätze, was du hast. Spüre wie echt das Leben ist.

Ja, es hört sich selbstverständlich an… ein echtes Leben.

Es ist nur echt, wenn du *jetzt* anfängst.

Frage dich selbst: Passiert in deinem Leben das, was du willst?

Bist du dankbar, schätzt du es?

Und vor allem:

Ist es dein Leben?

Denn ja, es ist das Einzige und irgendwann gibt es kein „Morgen mache ich es dann.".

Und wir machen täglich Listen leer.

Angst ist eine Lügnerin.

Veränderungen

Sie sind ein stetiger Begleiter, aber trotzdem so ungern gesehen.

Sie sind alltäglich, aber trotzdem ungewohnt.

Jeden Tag erscheint das Leben gleich,

aber wenn man zurückschaut merkt man,

es hat sich so viel verändert.

Jeden Tag passiert etwas Kleines, manchmal Großes.

Wir wollen keine Veränderungen.

Wir halten an Routine fest, an Gewohnheiten.

Wir wollen in der Komfortzone bleiben.

Doch Veränderungen sind doch genau das, was uns voranbringt.

Wir wollen sie nicht, aber trotzdem sind sie die Einzigen, die wir wollen.

Für eine Veränderung braucht es Veränderung.

Ohne Veränderung wirst du ja kaum dorthin kommen, wohin du willst.

Trotzdem sitzen wir da, wünschen uns, dass es etwas aufhört oder vorangeht. Wir wünschen uns Veränderung.

Im gleichen Moment aber verschließen wir die Augen vor den Veränderungen, die das Leben mit sich bringt.

Es ist dieser Moment zwischen wach werden und wach sein, indem du dich fragst warum und wieso und in dem du begreifst, dass du gleich wieder in einen Trott verfällst.

Ganz selbstverständlich, einfach so.

Das, was Ich so gerne tue.

Es ist kein Talent so wie die Leute sagen.

Es ist eine Leidenschaft, es inspiriert mich, es bringt mich voran. An schlechten Tagen hilft es mir nach oben und es beruhigt mich, wenn ich gestresst bin.

Ich denke, wenn du etwas so sehr liebst zu tun, kann es nur ein Talent sein in den Augen anderer.

Was wir wollen ist jemand.
Jemanden, der bleibt.

Hunderte Ichs

Ich bin Ich,

aber nicht nur das.

Jeder Mensch sieht mich anders, kennt mich anders und lernt mich anders kennen.

Ich bin Tochter.

Ich bin Enkelkind.

Das Einzige für meine eine Großmutter, doch das Fünfte meiner anderen.

Ich bin kleine Cousine.

Ich bin Freundin.

Ich bin die, die pausenlos redet.

Ich bin die, die nie etwas sagt.

Ich bin die, die anderen unsympathisch ist.

Ich bin die, mit der tollen Ausstrahlung.

Ich bin Patientin.

Ich bin Kundin.

Ich bin Zukunft.

Ich bin Vergangenheit.

Faszinierend wie viel man ist, ohne es zu wissen.

Es kommt nur darauf an, wann, wo und wie dich eine Person kennenlernt.

Du kannst die Fremde sein auf der Straße und einen schlechten Tag haben und schon bist du die „Unsympathische".

Du kannst der Liebling eines Lehrers sein, weil du das Fach so gut kannst.

Genauso gut kann ein Lehrer dich negativ abspeichern, weil du nicht die gewünschte Leistung erbringst.

Aber Ich bin doch Ich!

Egal ob Mathe oder Deutsch.

Tag oder Nacht.

So ist es aber nicht.

Du kannst ein Mensch sein, der immer redet, aber dann in eine Situation gebracht werden, die dich verunsichert.

Und schon bist du die „Ruhige".

Menschen, die dich das erste Mal sehen, werden denken du bist immer so.

So sind wir Menschen nun einmal, wir urteilen schnell.

Ich bin die Organisierte.

Ich bin Chaotin.

Es kann sein, dass dich Leute immer nur in einem für dich ungewohnten Umfeld sehen.

Sie werden dich als jemanden kennen, der du eigentlich nicht bist.

Sie sehen dich nur dort, erleben dich nur dort, wissen nur wie du bist, wenn du dort bist.

Unterricht.

Arbeitsplatz.

Stadt.

Doch das bist nur du, wenn du dort bist.

Das bist nicht du.

Das bist nicht du in deinem Zimmer oder du zusammen mit deiner Familie.

Das bin nicht Ich.

Ein Teil von mir.

Ein Ich von mir.

Mein Ich für dich.

Ich bin so, wie du mich siehst und schon die Person neben dir, kann anders denken, jemanden anderen in mir sehen.

Du, Ich, Wir haben so viele Ichs.

Ich bin die, die du magst.

Ich bin die, die du nie leiden konntest.

Ich bin die, die dich nie anlächelt.

Ich bin die, die dir gute Laune bringt.

Ich bin unwichtig.

Ich bin der Mittelpunkt.

Der erste Eindruck prägt.

Der Letzte bleibt.

Über das Buch

Es ist anders als ich jemals dachte. Immer war es mein Traum ein Buch zu veröffentlichen. Die angefangenen Geschichten und Romane häufen sich bei mir Zuhause, nie haben sie ein Ende gefunden. Erst im letzten Jahr ist mir aufgefallen, dass es kein Roman sein muss. Meine Poetry Slam Texte, meine Notizbucheinträge, meine Sätze, die ich während dem Unterricht in Hefte gekritzelt habe- all das kann ein Buch werden. Es wäre im Grunde genau das, was ich immer wollte. Texte mit Aussage, Freiheit zur Interpretation und vor allem ist es mir wichtig, dass sich jeder darin finden kann. Vielleicht schaffe ich es und Leute finden etwas Kraft in meinen Worten, fühlen sich verstanden.

Es ist seltsam so viele sehr private Gedanken zu veröffentlichen, aber es ist gleichzeitig auch sehr schön. Wichtig ist mir vor allem das Positive, denn traurige Poesie gibt es genug. Vielleicht schaffst du es ja auch im Jetzt zu sein, nur ganz kurz und vielleicht liest man das Lachen, dass ich als beim Schreiben hatte oder die Tränen, denn meine stärksten Emotionen bringe ich auf Papier. Ich bin in der Zeit, in der all diese Texte entstanden sind sehr gewachsen, meine ganze Persönlichkeit hat sich verändert und ich bin sicherlich noch sehr jung und man könnte sich fragen, warum ich in meinem Alter meine solche Gedanken zu veröffentlichen. Doch habe ich gelesen, dass man im Alter nicht weiser wird, sondern nur vorsichtiger. Die Weisheit trägt gewiss jeder in sich, aber nicht jeder nimmt sich die Zeit dafür und das ist okay. Ich liebe das Schreiben, ich finde selbst am meisten Halt in Worten und ich glaube, dass ein Großteil der Texte in diesem Buch zeitlos sind und sich alle Altersgruppen ein Stück weit darin wiederfinden können.

Das Buch wuchs über 3 Jahre, es reiste mit in verschiedenste Länder und Lebenslagen. Es steckt viel drin.

Über mich

Ich bin Mara Betjemann, geboren am 19.01.2002 in Offenburg (Baden-Württemberg) und wuchs auch dort auf. Bei der Veröffentlichung dieses Buches bin ich noch Schülerin eines Gymnasiums und verbringe einen großen Teil meiner Freizeit mit dem Schreiben. Voraussichtlich wird mein Weg nach dem Abitur in Hamburg fortgesetzt.

Schon in der Grundschule fing ich damit an Geschichten und Gedanken aufzuschreiben und vor der Klasse zu erzählen. Je älter ich wurde, desto mehr begeisterte mich die Poesie und ich fing in der Oberstufe damit an, meine auf Reisen und im Alltag gesammelten Eindrücke und Gedanken regelmäßig in Worte zu fassen.

Neben dem Schreiben verbringe ich meine Freizeit oft mit meinen Freunden in der Natur, in Cafés und auf Festen in der Umgebung. Auch die Musik spielt eine wichtige Rolle in meinem Leben, so höre ich fast den ganzen Tag Musik, singe selbst oder spiele Klavier. Die meisten Ideen fürs Schreiben kommen mir oft beim Laufen mit meiner Hündin Smilla oder auf Reisen.

Dieses Buch ist mein kleiner großer Traum, den ich so lange habe, wie keinen Anderen. Ich bin wirklich dankbar.

Und man schreibt auf, was man denkt, aber sie werden es anders verstehen.

Zeitfracht Medien GmbH
Ferdinand-Jühlke-Straße 7
99095 Erfurt, Deutschland
produktsicherheit@kolibri360.de